Esther Maria Uffmann
Lidia Wübbelmann

Donkeys Träume
„Ich komme in die Schule!"

Illustrationen:
Vanessa Buschhorn

Warum nur kann ich nicht einschlafen?
Ich bin doch schon so müde. Morgen ist
mein erster Schultag und ich will fit sein.
Und eigentlich bin ich ein ziemlich cooles
Meerschweinchen, sagen meine Freunde.
Ach, diese doofe Aufregung!

Ich warte und warte.
Endlich fallen mir die Augen zu …

... Cookie, meine beste Freundin. Auch für sie ist es der erste Schultag. Aber warum hat sie so große Augen? Glücklich sieht sie jedenfalls nicht aus, eher erschrocken.

Ah, ich verstehe: Sie wird von zwei Schulkindern zur Begrüßung umarmt – dabei kennt sie die gar nicht. Cookie ist ja auch süß und zierlich. Viele wollen sie beschützen. Aber gleich in den Arm nehmen? Wer lässt sich schon gern von Fremden anfassen? Cookie und ich jedenfalls nicht!

„Oh, mir würde es auch nicht gefallen. Cookie könnte sich losreißen, ihren Arm ausstrecken und laut «Nein» sagen. So macht sie den anderen deutlich, dass sie es nicht mag.

Es hilft Cookie sicher, wenn ihr als Freunde da seid.

Und sie kann auch Erwachsene um Hilfe bitten.

... Fips, mein guter Freund, sitzt allein auf dem Spielplatz. Warum ist er nur so blass? Hat er etwa Angst?

„Hallo Donkey, du hast es gut. Du bist nicht so dünn und schwach wie ich. Dich werden die anderen bestimmt nicht ärgern oder gar verprügeln."

„Was meinst du, Fips? Warum soll dich jemand schlagen?
Du bist doch immer so freundlich und witzig!
Und gerade heute, an unserem ersten Schultag,
bleiben wir Freunde zusammen."

„Das sagst du so einfach. Aber mich ärgern
einfach immer wieder alle – das ist so gemein!

Und wenn die Großen mich auf dem Schulhof hauen wollen: Was kann ich da nur tun?"

„Dann müssen wir wohl weglaufen und um Hilfe rufen. Aber ich glaube nicht, dass es so weit kommt: Wir halten ja zusammen. Außerdem behalten Erwachsene uns Neue immer gut im Blick.

Wir können auch unsere Eltern bitten, uns ein paar Tricks zu zeigen – wie man sich verteidigt und so.

Mach dir keine Sorgen, Fips. Wir sind bei dir."

Fips hat sich beruhigt und auch mir geht es wieder besser. Wir wollen gerade Verstecken spielen ...

... als plötzlich Honey auftaucht.

„Ach, wie gut, dass ich euch gefunden habe!
Die beiden da hinten laufen mir schon den
ganzen Morgen hinterher.
Und rufen mir ständig gemeine Sachen zu.
Nur, weil ich anders aussehe als ihr alle.
Aber was kann ich denn dafür?"

Das ist mir zu viel. Ich werde so traurig und wütend, dass ich fast weinen muss. Wie können Meerschweinchen nur so fies sein?!

Schweißgebadet wache ich wieder auf. „Mamaaa! Papaaa! Honey geht's gar nicht gut!"

„Was ist denn los, mein
Schatz? Bist du immer
noch so aufgeregt?
Kannst du nicht schlafen?
Und was ist mit Honey?"

„Honey wird beleidigt –
nur, weil sie von Kopf bis Fuß
hellgrau ist und den
anderen besonders auffällt.
Dabei sehen doch alle
Meeris unterschiedlich aus.
Wo ist das Problem?"

„Ach Donkey! Manche glauben: «Ich habe immer recht und weiß genau, was Sache ist.» Dabei haben sie Angst vor allem Unbekannten. Und vor allen, die anders aussehen oder sprechen. Wer so denkt, vergisst, dass wir alle einzigartig sind. Und verpasst dabei viel Schönes."

„Glaub uns, mein Schatz: Die Welt ist nicht grau wie Beton – sie ist bunt wie eine große Blumenwiese.

Wir müssen nicht alle gleich sein; im Leben kommt es auf ganz andere Dinge an – wie Liebe, Freundschaft und Vertrauen."

„Das finde ich ja auch! Aber was meint ihr: Wie kann ich Honey unterstützen?"

„Gute Freunde wie ihr sind sehr wichtig: Ihr könnt euch gegenseitig beschützen. Wird es schwierig, ruft Erwachsene um Hilfe."

„Und zeigt Honey, wie gern ihr sie habt. Ihr graues Fell ist wunderschön; das finden bestimmt auch andere Meeris. Habt ihr das Honey denn schon mal gesagt?"

Eine Minute später – so scheint es mir – höre ich drei aufgeregte Stimmen. Cookie, Fips und Honey versuchen, mich wachzurütteln.

„Steh auf, Donkey, du Schlafmütze! Wir kommen sonst zu spät zur Schule! Deine Eltern haben schon ein leckeres Frühstück für uns gemacht."

Ich reibe mir die Augen und bin auf einmal hellwach.
Die Sonne lacht mich an und meine Freunde lachen mit.
Meine feine Meeri-Nase riecht schon herrliche Düfte
aus der Küche. Es ist also kein Traum!

Dann machen wir uns auf den Weg zur Schule.
Unterwegs muss ich ihnen unbedingt
von meiner aufregenden Nacht erzählen.

Ich fühle es ganz deutlich:
Es wird ein wunderschöner Tag!

Fühlt ihr euch manchmal auch hilflos und traurig, wie die Meerschweinchen mitten in Donkeys Traum?

Dann redet unbedingt mit euren Eltern, Erzieherinnen und Erziehern, Geschwistern oder anderen Kindern! Zusammen sind wir stärker!

Hilfe für euch und Erwachsene gibt es auch telefonisch:

Kinder- und Jugend-„Nummer gegen Kummer": 116111
Eltern-„Nummer gegen Kummer": 0800 1110550
Notruf-Nummer für Kinder und Jugendliche in Osnabrück:
Stadt: 0541 27276   Landkreis: 0541 51144
Kinderschutzbund Osnabrück: 0541 330 360